2 Février 1891

V

VENTE DU LUNDI 2 FÉVRIER 1891

HÔTEL DROUOT, SALLE N° 8

OBJETS D'ART

Tableaux — Aquarelles

LITHOGRAPHIES

MEUBLES ANCIENS

BRONZES & MEUBLES

DE L'EMPIRE

EXPOSITION PUBLIQUE

LE DIMANCHE 1er FÉVRIER 1891

Me PAUL CHEVALLIER	M. CHARLES MANNHEIM
COMMISSAIRE-PRISEUR	EXPERT
10, rue de la Grange-Batelière, 10	7, rue Saint-Georges, 7

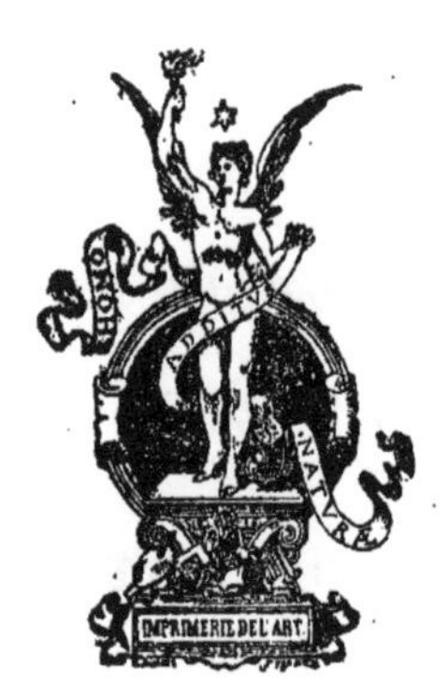
HOMO
ADDITVS
NATVRÆ
IMPRIMERIE DE L'ART

CATALOGUE

DE

TABLEAUX & AQUARELLES

EN PARTIE DE L'ÉCOLE FRANÇAISE (1830)

Bellangé, E. Delacroix, Flers, R. Fleury, Gavarni, Grenier
Gué, Hue, Hubert, E. Lami, Jongkind, etc.

Collection importante de lithographies de Charlet

Livres d'heures, Gravures anglaises

OBJETS D'ART

Beaux vitraux, Grès flamands, Terres émaillées
Sculptures en bois, en marbre, en cire, en terre cuite
Bijoux, Éventails

BEAUX BRONZES DE FRATIN

BRONZES D'AMEUBLEMENT DE L'EMPIRE

ET DE LA RESTAURATION

MEUBLES ANCIENS

Meuble sculpté du XVIe siècle, Broderies Louis XIII, Cuirs

Dépendant de la succession de Madame A...,

DE

MEUBLES DE L'EMPIRE

TABLEAUX ANCIENS

Appartenant à M. X***

DONT LA VENTE AURA LIEU

HOTEL DROUOT, SALLE N° 8

Le Lundi 2 Février 1891

A DEUX HEURES PRÉCISES

Me PAUL CHEVALLIER	M. CHARLES MANNHEIM
COMMISSAIRE-PRISEUR	EXPERT
10, rue de la Grange-Batelière, 10	7, rue Saint-Georges, 7

EXPOSITION PUBLIQUE

Le Dimanche 1er Février 1891, de 1 heure à 5 heures à 1/2

CONDITIONS DE LA VENTE

Elle sera faite *expressément* au comptant.

Les Acquéreurs payeront CINQ POUR CENT en sus des adjudications, applicables aux frais de la vente.

L'Exposition mettant les acquéreurs à même de se rendre compte de l'état et de la nature des objets, il ne sera admis aucune réclamation une fois l'adjudication prononcée.

Paris. — Imp. de l'Art, E. Ménard et Cie, 41, rue de la Victoire.

DÉSIGNATION SOMMAIRE

OBJETS PROVENANT DE LA SUCCESSION DE MADAME A...

TABLEAUX

1 — **Bellangé** (**H.**), 1838. Douaniers dans le Midi.

2 — **Ecole flamande,** XVIIe siècle. Plats de fruits.

3 — **Flers,** 1854. Paysage.

4 — **Grenier**. Retour de vendanges.

5 — **Hue** (**Ch.**), 1861. Dame feuilletant un album.

6 — **Jongkind,** 1853. Canal de Hollande, clair de lune.

7 — **Jongkind**. Moulin et canal de Hollande.

8 — **Lami** (**Eugène**), 1837. Charge de cuirassiers ; campagne de France.

9 — **Kuytenbrouwer** (**Martinus**). Biche et faon.

10 — **Ecole moderne**. Église de Normandie, tableau-horloge, qui passe pour être une peinture de la jeunesse de Troyon.

AQUARELLES

11 — **Bayot** (**A.**). Assemblée dans un parc, six figures.

12 — **Caron**, 1829. Église de village.

13 — **Craeyvanger**. Danse au cabaret.

14 — **Delacroix** (**Eugène**). Scène d'un roman de Walter Scott.

15 — **Fleury** (**Robert**), 1832. La Consultation.

16 — **Francis**, 1831. Chasse à courre.

17 — **Gavarni**. Promenade à la campagne.

18 — **Gué**, 1831. Village breton.

19 — **Hubert**. Village suisse.

20 — **Muller** (**R.**). Paysage et animaux.

21 — **Soulès** (**Eugène**). Cathédrale gothique.

22 — Album à couverture de laque noir incrusté de burgau, contenant environ quarante dessins, aquarelles, gouaches, etc., par J. B. Huet, E. de Beaumont, Eug. Deshayes, Cicéri, Philippoteaux, Thorigny, S. Fort, Lalanne, etc.

LITHOGRAPHIES DE CHARLET

23 — L'Œuvre lithographié de Charlet. Six grands volumes in-folio, contenant environ 860 lithographies de Charlet.

24 — Un volume in-folio : l'Empereur et la Garde impériale. Lithographies de Charlet.

25 — Un volume in-folio. Suite de dessins à la plume à l'usage des élèves, etc., par Charlet, 1839. Gihaut, éditeur.

LIVRES

26 — Livre d'heures de la reine Anne de Bretagne. Édition Curmer avec planches en chromo-lithographies rel. en maroquin violet doré sur tranches.

27 — Livre d'heures du xve siècle ; manuscrit sur vélin de 365 pages avec majuscules enluminées et rehaussées d'or, arabesques d'encadrement, etc., rel. en veau gaufré du temps.

28 — Recueil de prières, manuscrites sur vélin de diverses époques et précédées d'une série de grandes miniatures détachées, rel. en peluche.

GRAVURES

29 à 31 — Six gravures anglaises, en noir et en couleurs : Chiens, chevaux.

GRÈS, FAIENCES, ETC.

32 — Grande canette de forme conique en grès gris de Flandres, du xvie siècle, à décor d'armoiries (France,

Espagne, etc.), gaufrées en relief sur champ gravé de branchages et relevé d'émail bleu. Date *1596*. Couvercle en étain.

33 — Cruche à corps ovoïde en grès gris décoré de rosaces, à milieux évidés, et d'ornements gaufrés en relief, avec rehauts d'émaux bleus et bruns. XVIe siècle.

34 — Petite cruche à corps ovoïde avec masque chimérique sous le déversoir, grès gris semé de petites rosaces en relief sur champ émaillé bleu. Couvercle en étain.

35 — Autre en grès gris à feuillages et ornements gravés et réservés sur fond émaillé bleu.

36 — Autre en grès brun avec rehauts d'émail bleu, à anse cordelée ; elle est décorée de trois médaillons, l'un à armoirie, les autres représentant des bustes.

37 — Plat ovale de la suite de B. Palissy, offrant en bas-relief le sujet de la Décollation de saint Jean, en émaux de couleurs.

38 — Autre, rond, offrant au fond, en bas-relief, le sujet du Baptême du Christ, et, sur les bords, des branches de marguerites alternant avec des baguettes en faisceau.

39 — Coupe godronnée en faïence de Faenza, à décor polychrome ; sur l'ombilic, un coq, et tout alentour des bandes rayonnantes de feuillages sur fonds de diverses couleurs.

40 — Deux cornets en vieux Japon, décorés en bleu, rouge et or.

41 — Deux cornets en porcelaine décorée, à l'imitation des émaux du XVIe siècle, d'ornements peints en grisaille avec rehauts d'or, sur fond bleu.

SCULPTURES DIVERSES

42 — MARBRE BLANC. Jolie statuette de petite fille, sculpture attribuée à Pigalle ; piédestal carré en marbre jaune de Sienne.

43 — Deux statuettes : Saint Jean et sainte Madeleine, debout, têtes, mains et pieds en ivoire, vêtements en buis sculpté. Travail flamand du XVIIe siècle.

44 — BOIS SCULPTÉ. Groupe : la Vierge portant l'Enfant Jésus qui tient la boule terrestre. XVIIe siècle.

45 — IVOIRE. Statuette de sainte Madeleine agenouillée, les regards levés vers le ciel, les cheveux épars sur les épaules. Travail flamand du XVIIe siècle.

46 — BUIS SCULPTÉ. Figurine de divinité boudhique. Travail chinois.

47 — BUIS SCULPTÉ. Groupe en haut-relief : Sainte Anne, la Vierge et l'Enfant Jésus. XVe siècle.

48 — BOIS SCULPTÉ. Deux petits flambeaux à décor de branchages et de fleurettes finement sculptés, dans le goût de *Bagard*, de Nancy. Travail lorrain.

49 — Trois figurines en bois sculpté, peint et doré : les Rois Mages. Travail allemand.

50 — Cires. Deux figures, à mi-jambes, en bas-relief : Portraits d'homme et de femme en costumes flamands du XVIIe siècle ; les chairs, modelées en cire colorée au naturel, les costumes exécutés en étoffes véritables. Cadres noirs en bois guilloché. Travail du commencement du XVIIe siècle.

51 — Marbre blanc. Médaillon ovale sculpté en bas-relief : Buste de jeune fille, de profil, et couronnée de pampre. Signé : *Valérie Simonin, 1857.*

52 — Terre cuite. Animaux ; quatre terres cuites, par Fratin.

VITRAUX

53-54 — Deux beaux vitraux flamands, à médaillons de figures en couleurs, en de riches motifs d'encadrement, à figures d'enfants, perroquets, branchages, cartels et inscriptions flamandes, datés 1618. Le premier médaillon représente la Vierge assise sur un trône, avec l'Enfant Jésus dans ses bras. Le second représente un évêque agenouillé, en prières, ayant deux saints à ses côtés.

55-56 — Deux vitraux flamands, faisant suite aux précédents et datés aussi 1618. Ils représentent des sujets de piété peints en grisaille, dans de riches cartouches polychromes, entourés de chimères, d'enfants ailés, de perroquets et d'ornements auxquels sont appendus des poissons et des écrevisses.

OBJETS VARIÉS

57 — Curieuse pochette espagnole de maître à danser faite de plusieurs cylindres de roseau entièrement recouverts de fines gravures figurant une suite de médaillons minuscules à sujets tirés de l'Ancien et du Nouveau Testament et comprenant une infinité de personnages, dont un certain nombre sont revêtus des costumes de l'époque Louis XIII. Chevilles, tire-cordes et sillet en ivoire. On lit en haut de l'instrument : *Al Ill° et Ex° señor D. Pedro Girolamo Duque d'Ossuna*, etc.; en bas, le nom du luthier et la date 1611.

58 — Flacon à odeur en cristal tricolore, avec bouchon à figures d'enfants musiciens et ornements en argent, doré partiellement.

59 — Joli cachet formé d'un buste de femme en agate-cornaline, élevé sur gaine en prime d'améthyste, à l'aide d'une monture en or.

60 — Flacon à parfums avec chaînette de suspension fixée à une bague. Bijou en or,

61 — Parure acier et marcassites, du Directoire, composée de : un peigne à galerie, un collier bayadère avec monocle, deux pendants d'oreilles et deux bracelets.

62 à 71 — Vingt et un éventails de dimensions variées, anciens et modernes, à montures d'ivoire, de nacre, d'écaille, avec feuilles peintes à la gouache, enrichies de paillettes métalliques, etc., etc.

*

72 — Pommeau d'épée en fer ciselé à figures de combattants, cavaliers et armoiries en haut-relief. XVIe siècle.

73 — Miniature rectangulaire sur ivoire : Groupe de trois amours musiciens ; cadre en bronze.

74 — Autre, représentant une Fillette bacchante endormie

75 — Reliquaire en cuivre doré, en forme de clocher gothique, flanqué de deux contreforts et élevé sur tige prismatique à nœud médian, reposant sur un pied à six lobes. XVe siècle.

76 — Petit sablier enfermé entre deux plaques hexagones reliées par des colonnettes fuselées en argent. Époque Louis XIII.

77 — ÉTAIN. Petit plat à ornementation en relief : cartouches contenant les figures équestres des empereurs d'Allemagne.

78 — Autre, ayant au centre un médaillon : le Christ ressuscité, et, sur le marli, des armoiries allemandes.

79 — Coupe ou bassin à ombilic et oreilles, à décor de zones chargées d'arabesques et d'animaux courants.

80 — Très petite coupe ; au fond, un médaillon-buste ; sur le marli, des arabesques et des armoiries.

BRONZES D'ART

81 — Groupe en bronze de *Fratin :* Lionne tenant un chamois et accompagnée de lionceaux.

82 — Groupe en bronze de *Fratin* : Lion dévorant un sanglier.

83-84 — Deux Chevaux, bronze de *Fratin*.

85-86 — Deux paires de flambeaux en bronze, de *Fratin*. La douille ornée de têtes de chèvres ; la tige tapissée de lierre ; les pieds figurés par des panthères.

87 — Bougeoir en bronze doré, de l'époque Louis XV.

88 — Lampe de bronze frotté d'or, en forme de monstre marin, sur le dos duquel se tient l'Amour ; elle est élevée sur une patte de coq. Style italien du XVIe siècle.

89 — Jeanne d'Arc, statuette en bronze, de la princesse Marie.

BRONZES D'AMEUBLEMENT

90 — Grande pendule et sa console-applique, en marqueterie de cuivre et d'écaille, garnie d'appliques en bronze, mascarons, feuillages, rinceaux, etc. Époque Louis XIV.

91 — Candélabre pour milieu de surtout en bronze doré. Les lumières s'échappent d'une corbeille portée par deux figures de bacchantes ; socle circulaire en marbre griotte avec figures, palmettes et guirlandes rapportées en bronze doré. Époque du premier Empire.

92 — Deux vases de même époque en bronze doré sur piédestaux quadrangulaires en marbre griotte.

93 — Garniture de cheminée en granit orbiculaire de Corse et bronze doré mat. Pendule surmontée d'une chèvre mangeant des raisins, et flambeaux, à figures d'enfants satyres faisant de la musique. Époque de la Restauration.

94 — Garniture de cheminée du temps du premier Empire, en marbre griotte et bronze doré; une statuette d'Apollon décore la pendule ; les candélabres sont supportés par des figures de femmes drapées.

95 — Deux coupes coquilles en cristal, supportées par des figures d'enfants tritons en bronze doré, reposant sur des socles à ressauts et guirlandes.

96 — Grand vase du temps du premier Empire en porcelaine de Sèvres (?) émaillée vert-noir, et décorée d'appliques et de figures rapportées en bronze doré mat.

97 — Lustre en bronze de l'Empire, garni de cristaux.

98 — Petit lustre flamand, à six lumières.

99 — Miroir de toilette en émail cloisonné, dans le style oriental, de chez *Barbedienne*.

100-101 — Quatre coffrets à bijoux en bronze artistique avec peintures sur émail, sur porcelaine, etc.

MEUBLES

102 — Beau meuble Renaissance, à deux corps, en noyer sculpté et enrichi d'incrustations en bois de couleurs.

Le corps supérieur, qui date du XVIe siècle, ouvre à

trois vantaux ; il est d'une riche ornementation consistant en figures mythologiques sculptées en bas-relief, en pentes de trophées d'armes et de fruits, en belles frises représentant des tritons et des hippocampes. Il est flanqué latéralement de cariatides.

Le corps inférieur, à cariatides adossées et à fond plein, est d'exécution moderne, ainsi que le fronton,

103 — Revêtement de cheminée composé d'éléments du XVIe siècle, en bois sculpté ; montants à cariatides, oiseaux et ornements ; bandeau à figures de sirènes et rinceaux.

104 — Glace dans un cadre en bois sculpté, composé de guirlandes de fleurs et de fruits entremêlés de groupes d'amours sculptés en haut-relief. Fin du XVIe siècle.

105 — Coffret rectangulaire, formant papeterie, en marqueterie d'ébène, d'ivoire et d'écaille, avec incrustation de stuc. Style Louis XIII.

106 — Table rectangulaire sur pieds contournés, de même travail que le coffret qui précède.

107 — Coffret Renaissance avec couvercle à trois pans, en bois sculpté, fleurons et entrelacs ; fond et fermoir rapportés. XVIe siècle.

108 — Pendule borne carrée en bois d'acajou incrusté de fines plaquettes en biscuit de Wedgwood encadrées de filets de cuivre. Époque du premier Empire. Elle est élevée sur un socle en noyer finement sculpté, à décor d'arabesques.

109 — Table de style Louis XVI, en marqueterie de cuivre et d'écaille, garnie de bronzes dorés. Dessus en mosaïque de marbres.

110 — Secrétaire Louis XVI en acajou.

111 — Petite console acajou, garnie de baguettes de cuivre ; dessus et tablette d'entrejambes en marbre blanc.

112 — Commode Louis XVI acajou, garnie de baguettes de cuivre.

BRODERIES, CUIRS

113 — Quatre belles portières, composées chacune de trois bandes et d'une bordure dentelée en broderie chenillée, fleurs et rinceaux, en soies de couleurs sur fond crème de l'époque Louis XIII, fixées sur une peluche vert foncé. Plus, deux lambrequins de même broderie.

114 — Tenture d'une pièce en ancien cuir gaufré, peint et doré, à larges dessins sur fond clair.

MEUBLES ET PENDULES

DU PREMIER EMPIRE

TABLEAUX

Appartenant à M. X...

115 — **De Troy**. Portrait d'une dame de l'époque Louis XV, des fleurs dans la coiffure, et dans le pan d'une draperie bleue, qu'elle ramène devant elle. Charmant petit portrait

116 — **Rigaud** (Attribué à **H.**). Portrait d'un commandant d'armée, en buste, revêtu de la cuirasse et portant une longue perruque poudrée. Cadre du temps, sculpté et doré.

117 — **École française**. Deux portraits. Cadres Louis XIV, en bois sculpté et doré.

118 — Pendule Empire en bronze doré mat, surmontée d'une figurine de Bacchus et décorée sous le cadran d'un joli motif à figures d'enfants, rinceaux et vases.

119 — Pendule Empire en bronze doré et bronze patiné, décorée d'une statuette de Diane chasseresse.

120 — Pendule à cadran élevé sur support à rinceaux, fleurons et tablier en bronze ciselé et doré. Socle en marbre blanc. Fin Louis XVI.

121 — Pendule Empire en bronze patiné et bronze doré, à figure mythologique, brûle-parfums, lyre, etc.

122 — Pendule Empire en bronze patiné vert et bronze doré, de forme cintrée et surmontée d'une statuette de Cérès.

123 — Autre, de même époque, l'Amour debout sur un cheval qui galope ; bronze patiné et doré.

124 — Lustre lampadaire en bronze doré, à trente lumières, avec lampe au centre.

125 — Console supportée par des colonnes corinthiennes, et à fond en glace étamée, bois d'acajou, enrichie de cuivres dorés, chapiteaux, lyres, figures mythologiques, époque de l'Empire. Tablette de marbre.

126 — Console du premier Empire, à pieds contournés, acajou avec appliques de cuivre doré ; palmettes, feuillages, etc.

127 — Lit de poupée, en acajou avec colonnes, à chapiteaux et bases de cuivre. Époque de l'Empire.

128 — Petit secrétaire d'enfant en acajou, orné de colonnes détachées, à chapiteaux et embases de cuivre doré. Époque de l'Empire.

129 — Petit secrétaire d'enfant en acajou, décoré de ba-

guettes de cuivre poli et à dessus de marbre. Époque Louis XVI.

130-131 — Deux écrans de cheminée en acajou, enrichis de cuivres dorés, du temps du premier Empire.

132 — Étagère (casier à livres) en acajou, enrichie de cuivres ciselés et dorés : figures, couronnes, rinceaux, étoiles. Époque de l'Empire.

133 — Meuble en forme de commode droite, en acajou garni de bronzes ciselés et dorés : couronnes, torches, palmettes; dessus de marbre blanc. Époque de l'Empire.

134 — Petite console demi-lune à bandeau, décorée de palmettes et de fleurons sculptés et reposant sur un seul pied; dessus en marbre. Époque de l'Empire.

135 — Table à ouvrage sur pieds contournés en acajou.

136 — Table à jeu en acajou de l'Empire, ornée sur la face d'une entrée et de figures-appliques en bronze ciselé et doré.

137 — Petite armoire d'enfant, ouvrant à deux portes divisées en petits compartiments encadrés de moulures. Époque Louis XV.

138 — Secrétaire Louis XVI, en bois rose et palissandre, avec filets incrustés de bois clair.

139 — Petit entredeux Louis XIV, à porte pleine, en marqueterie de bois satiné garni de baguettes de cuivre.

140 — Petite armoire hollandaise sur sa table-support, en bois de chêne sculpté, à pilastres cannelés, mascarons et frises de rinceaux.

141 — Meuble de salon, un canapé et six fauteuils de l'Empire, en acajou décoré d'appliques de cuivre ; les extrémités des accoudoirs sont terminées par des mufles de lion. Il est recouvert de velours.

142 — Canapé du premier Empire, en acajou, enrichi d'appliques en cuivre ciselé et doré ; les montants du dossier sont surmontés de bustes de femmes à coiffures égyptiennes, sculptés en ronde bosse.

143 — Petit lit de repos à cols de cygnes, en acajou. Empire.

144 — Deux chaises en acajou, à dossiers arrondis, recouvertes de velours grenat.

145 — Quatre pièces : piédestal, tabouret et deux lavabos en acajou.

146 — Deux fauteuils et deux chaises du temps de l'Empire en acajou, enrichies de cariatides, figures et ornements d'appliques en bronze ciselé et doré.

147 — Petit fauteuil à dossier cintré de l'Empire, acajou avec cuivres, couvert en velours grenat.

148 — Deux fauteuils et deux chaises, dossier à médaillons, en bois blanc et or, recouverts en étoffe brochée. Époque Louis XVI.

149 — Deux fauteuils et trois chaises du temps du Directoire, en acajou sculpté, avec dossiers décorés de scènes antiques, peintes et tissées sur soie.

150 — Deux fauteuils de l'Empire, à dossiers carrés en acajou, garnis d'appliques en cuivre doré.

151 — Siège à dossier cintré, de l'Empire, en acajou, à têtes et pieds de boucs sculptés.

152 — Fauteuil de bureau tournant sur pivot, en acajou, à têtes de béliers sculptées en ronde bosse, recouvert en cuir.

153 — Fauteuil de la Régence à coquilles, feuilles et rinceaux sculptés, recouvert en étoffe à raies.

154 — Autre Louis XV en noyer, foncé de canne.

155 — Plateau rond, de surtout, à galerie de bronze, cornes d'abondance et fleurs.

156 — Deux appliques à cinq lumières chaque, de l'Empire.

157 — Boîte à thé en laque, cariatides, bronze et bois, frises Louis XVI en bois sculpté et divers objets sous ce numéro.

www.ingramcontent.com/pod-product-compliance
Ingram Content Group UK Ltd.
Pitfield, Milton Keynes, MK11 3LW, UK
UKHW021040260726
13994UKWH00005B/2274